Corneille **KIPULU KILONGA-NZAMBI** Colin

DIEU, QUI EST-IL VRAIMENT?

AF301946

Chapitre Premier : DIEU, QUI EST-IL ?

Ce chapitre s'attache sur la présentation de Dieu. Il s'agit en quelque sorte de montrer au croyant les attributs de Dieu, sa nature et son identité. De la sorte, le croyant sera en mesure de dire avec conviction, même par ses propres mots, ce que représente Dieu pour lui. Dans le livre de l'Exode, Dieu Lui-même révèle son identité à Moïse, Il se définit et se présente pour lui comme Celui qui est, « JE SUIS QUI JE SUIS » (Ex 3,14) ; c'est-à-dire, Il est là avec nous tel que nous Le voyons et tel qu'Il se révèle en nous.

D'entrée de jeu, Dieu est le Créateur du ciel et de la terre, et de tout ce qui y existe, Il est l'Incommensurable, l'Alpha et l'Omega, l'Unique Dieu, Père Tout Puissant. Il est l'Objet inépuisable de l'intelligence humaine,[1] un Dieu toujours plus grand[2]. L'Etre transcendantal de qui tout dépend et de qui tout tire l'existence. Il est plus intime en nous, Il est au-dedans de nous, c'est Lui qui sonde nos reins, nos cœurs et nos pensées, Il sait quand nous dormions et quand nous nous réveillons (1Chr 28,9 ; Ps 7,9 ; 44,21 ; Jr 17,10 ; He 4,13).

Il apparaît dans la conscience de l'homme sous la forme de cette voix intérieure qui dicte à l'homme le bien à faire et le mal à éviter. Il est l'Etre Suprême, l'Infini, l'Origine et la Source de tout bien. Il est un Dieu qui est dans le monde mais qui ne s'épuise pas par le monde, Il vit « au cœur du monde et au-delà de lui ; au-dedans mais sans s'y épuiser et sans être un phénomène du monde »[3].

Certes, Dieu n'est tout autre qu'Amour, Celui qui se fait proche de l'homme par l'Incarnation de son Verbe, Jésus-Christ. Il se fait ami de l'homme et son compagnon de route, la lumière et la force de l'homme. Il est la Vie de la vie et la Force dans le combat auquel l'homme fait face chaque jour de sa vie[4]. C'est lui le commencement, l'émetteur de l'existence, le point culminant d'où l'univers entiers tire ses débuts. Ainsi, Il revêt à ce titre, le qualificatif du Créateur.

---

[1] L. BOFF, *témoins de Dieu au cœur du monde*, Paris, Centurion, 1982, p.38.
[2] Saint AUGUSTIN, *De Trinitate, Sermo* 52, C.6 : PL 38. 360.
[3] L. BOFF, *Op. Cit.,* p. 43.
[4] *Ibid.,* p. 45.

Dieu est Créateur

Le terme « créateur » renvoie à l'acte de créer, d'inventer, d'innover, de générer, de produire, de partir du néant pour faire exister. Alors, Dieu est Créateur par rapport à la création, œuvre de ses mains. La lumière, la voûte au milieu des eaux, le sol ferme, la terre, les eaux de mers, de l'herbe, des arbres, des luminaires à la voûte du ciel pour séparer le jour de la nuit et pour marquer les saisons, les jours et les années, les étoiles du ciel pour séparer la lumière des ténèbres, des êtres vivants, les oiseaux pour voler au-dessus de la terre en dessous de la voûte du ciel, les monstres de la mer, des bêtes de toute espèce : animaux des champs, reptiles, bêtes sauvages ; et, l'homme ont été créés par Dieu. Au commencement, rien n'existait, la terre était vide et informe. Par sa Parole, Dieu appela tout à l'existence, Dieu dit, et cela fût. Il donna ainsi forme et contenu à la terre (Gn 1.).

En effet, la création est l'œuvre salvifique de Dieu, c'est le fondement de tout son projet du salut pour l'homme qui se culmine dans le Christ. En celui-ci, se découvrent les réponses aux questions existentielles et fondamentales de l'homme, et de sa destinée : d'où venons-nous ? Où allons-nous ? Quelle est notre origine ? Quelle est notre fin ? D'où vient et où va tout ce qui existe ? A travers l'acte de la création, l'homme trouve réponses à ces différentes interrogations. En dépit de cela, les sciences humaines quant à elles, ont tenté d'émettre des hypothèses pour percer à la lumière de leur connaissance les questions d'origine du monde, de l'homme et de sa destinée.

Certes, la question des origines du monde ainsi que celle de l'homme et de sa destinée a fait longtemps et parfois jusqu'à nos jours, l'objet de nombreuses recherches dans le domaine des sciences humaines. Certaines théories scientifiques ont cerné l'origine du monde comme fruit du hasard, un destin aveugle, une nécessité anonyme ; d'autres la pensent comme émanation nécessaire de Dieu, Être Transcendant, Intelligent, et Bon de qui, tout découle.

La foi chrétienne place l'origine du monde et de l'homme ainsi que la destinée de ce dernier sous l'émanation de Dieu, Créateur, et du ciel et de la terre, et de tout ce qui y existe. Le Dieu Créateur qui se dévoile et se comprend mieux dans le Christ, son Verbe qui a pris notre chair et habité parmi nous. L'homme accède à la connaissance de Dieu Créateur grâce à son intelligence et à la foi qui illumine et éclaire la connaissance humaine à la découverte de Dieu Créateur (Cfr. *CEC* 286 ; *DS* 3026). Par la foi, affirme la lettre aux Hébreux : « nous comprenons que les mondes ont été formés par une parole de Dieu, de sorte que ce que l'on voit provient de ce qui n'est pas apparent. » (He 11, 3).

Dieu est et reste le Créateur du monde et de l'homme. Tout ce qui existe, existe par Dieu, c'est Lui qui appela tout à l'existence et Il a doté l'homme d'intelligence en vue de poursuivre l'œuvre de sa création. L'existence de l'homme, sa vocation au monde ainsi que sa destinée ne se comprennent que dans le Christ, le Verbe incarné de Dieu.

Dieu est Père

Parler de Dieu comme Père au sens biologique du terme, supposerait une progéniture, une paternité, chose qui n'est pas fausse, car Dieu est Père, par l'engendrement du Fils, Jésus-Christ, le *logos* du Père, le Verbe de Dieu. Le Christ qui, comme Fils, dans sa révélation du mystère du Père révèle en même temps à l'homme son identité comme étant enfant de Dieu et lui fait découvrir aussi la sublimité de sa vocation (*GS* 22). Et si le Verbe de Dieu s'est incarné, affirme Saint IRENEE, c'est « pour que l'Homme, en se mélangeant au verbe et en recevant ainsi la filiation adoptive, devienne Fils de Dieu »[5].

Au fil du temps, la foi chrétienne affirme que Dieu par l'Incarnation du Verbe, veut se faire plus proche de l'homme, qui devient son collaborateur, son partenaire sur qui Il dépose tous ses bienfaits[6]. C'est par la manifestation du Verbe de Dieu en tant que Fils que l'homme découvre son identité de fils de Dieu. En ce sens, affirment mieux les Pères conciliaires : « en réalité, le mystère de l'Homme ne s'éclaire vraiment que dans le mystère du verbe incarné » (*GS* 22). Dieu se fait ainsi Père de tous ceux qui mènent et adoptent la vie de Jésus en tant que Fils, et découvrent en Jésus-Christ leur destinée comme enfants de Dieu.

---

[5] IRENEE, *Contre les hérésies III,* cité par BERNARD SESBOUE et J. WOLINSKI, *Le salut de Dieu,* Tome I, Paris, Desclée, 1994, p. 344.
[6] *Ibid.*, p. 343.

L'homme uni au Christ dans l'Eglise et marqué par l'Esprit Saint, qui le garantit son héritage, est appelé fils de Dieu, par conséquent, il est (cf. 1Jn 3) ; mais ce qu'il est, ne paraît pas encore clairement. Ce 'paraître', c'est avec le Christ, dans sa gloire (Col 3,4) où nous serons semblables à Dieu parce que nous le verrons tel qu'Il est (1Jn 3,2), dans un corps glorieux qui serait tout autre que le corps humain. Comme l'affirme le Concile : « Ainsi donc, 'tant que nous demeurons dans ce corps, nous vivons exilés loin du Seigneur' (II Cor. 5, 6) Et possédant les prémices de l'Esprit, nous gémissons au fond de nous-mêmes (cf. Rom. 8,23) et nous souhaitons être avec le Christ (cf. Phil. 1,23) » (*LG* 48).

En effet, le terme « Paternité » dans le langage de la foi chrétienne renvoie principalement à deux aspects :

1° Dieu comme à l'origine première de tout et qu'Il a autorité transcendante sur tout ;

2° Dieu comme étant bonté et sollicitude aimante pour tous ses enfants (*CEC* 239).

Certes, le *credo* atteste et affirme la croyance en Dieu le Père parce qu'Il est le Premier et le Dernier, l'*Alpha* et l'*Omega,* le commencement et le fondement de toutes les œuvres de la création, et la fin de toute chose. Et parce qu'Il nous a engendrés dans le Christ qui a fait de nous, les enfants de Dieu. Le *credo* débute par la profession en Dieu le Père aussi parce qu'Il est la Première Personne de la Sainte Trinité.

Dans l'Ancien Testament, Dieu se présente pour le Peuple d'Israël comme un Père. Et dans les douze patriarches, Dieu est présenté comme le Père des descendants de Lévi et de Juda au regard de sa création, de l'éducation qu'Il donne et de sa paternité vis-à-vis de son Peuple, Israël (2S 7, 14 ; Ps 2, 7 ; 89, 26 ; 1Chr 17, 13 ; 22, 10 ; 18, 6 ; Dt 1, 31). Dieu s'est révélé aux fils d'Israël comme Père qui a fait alliance avec eux, Il les a faits sortir de l'esclavage d'Egypte sous Pharaon, Il les a conduits quarante ans au désert sous Moïse et Aron, et les a amenés à la terre promise qui est le Canaan. Il s'est présenté ainsi comme le Tout Puissant qui sans cesse sauve Israël contre ses ennemis, et lutte contre tous ceux qui le combattent.

Et dans la Nouvelle Alliance, Jésus Christ nous révèle l'image du Dieu – Père qui donne du pain et de bonnes choses à ses enfants (Mt 7, 7-11 ; Lc 11, 11-13). Il est Père par l'engendrement du Fils, Jésus-Christ. La foi chrétienne proclame que Jésus-Christ est le Fils de Dieu, et le *Credo* atteste qu'il est engendré, non pas créé. Jésus-Christ nous révèle un Père plein d'amour, de générosité, de bonté et de miséricorde, lent à la colère (Mt 6, 26 ; 7, 9-11 ; Lc 6, 35-36 ; 1Jn 3, 1). Les chrétiens découvrent dans le Christ qu'ils sont aussi enfants de Dieu dès par leur baptême comme signe d'appartenance à la grande famille de Dieu.

Dans le Christ, c'est Dieu Lui-même qui nous donne sa substance pour nous faire vivre, la similitude physique que nous partageons avec Lui par le fait d'être à son image et à sa ressemblance.

Nous disons que la Paternité divine est la source de la paternité humaine, étant donné qu'elle fonde l'honneur des parents. Le Père est celui qui veille sur la famille, la protège et la défend. Et Dieu est Père parce qu'Il est le commencement et la fin de toute chose, la Première Personne de la Sainte Trinité, et parce qu'Il nous a engendrés dans le Christ comme des fils adoptifs. Il veille sur nous, nous protège et nous défend. Il nous donne le pain quotidien. Nous sommes enfants de Dieu dans le Christ, le Fils unique de Dieu le Père.

Dieu est Amour

L'amour est l'expression de la gratuité manifestée dans l'oubli de soi et dans l'acceptation des fragilités et des limites de l'autre, il se conjugue dans l'abnégation de soi et porte sur le désintéressement. Nous aimons les autres non parce qu'ils sont intelligents non parce qu'ils sont beaux ou matériellement riches moins encore, à cause de leur beauté, de leur sympathie, de leur loyauté ou de leur amabilité. Par contre, nous les aimons parce qu'ils sont expression de l'amour gratuit de Dieu, c'est-à-dire expression de « la manifestation incarnée du Dieu de l'Amour et de l'Amour de Dieu, ainsi que son événement de bonté dans l'histoire humaine »[7]. L'Amour de Dieu relève de la gratuité de son cœur qui consiste au plus grand sacrifice de son Fils Unique Jésus-Christ qui s'est livré pour le salut de toute l'humanité (1Jn 3,15).

Dieu nous aime d'un amour gratuit, désintéressé et inconditionnel. Il est l'expression de l'amour et Il est Lui-même Amour (1Jn 4,8). Cet amour qui se manifeste et se concrétise dans sa forme la plus ultime au don gratuit de son Fils en sacrifice sur la croix pour le salut du monde. C'est dans cette perspective que Dieu nous fait découvrir et révéler le vrai sens d'amour comme l'acceptation des faiblesses et de la contingence de l'autre[8]. Ce n'est qu'en faisant l'expérience de l'amour envers l'homme dans ses vicissitudes que nous découvrons l'Amour de Dieu envers nous, Lui qui nous a assumés et acceptés dans toutes nos fragilités et faiblesses humaines, Il nous aime par-dessus tout ! Et, nous montre comment nous devons nous aimer les uns les autres.

Certes, la logique du monde nous enseigne à aimer ceux qui nous aiment et à haïr ceux qui ne nous aiment pas. C'est ce qui ressort naturellement de notre convivialité. Nous avons tous tendance à aimer ceux qui nous aiment et à tisser des relations amicales avec ceux qui nous estiment, partagent notre point de vue, correspondent à nos choix, à nos critères. Nous nous basons plus sur les facultés et nous laissons de côtés les défauts. Nous ne sommes pas à ce niveau capable d'accepter les défauts et de faire avec ! Peu sont ceux qui aiment de manière vraie et désintéressée. Car, « Il s'ensuit que les relations les plus chaleureuses ne tiennent bon que dans la mesure où nous nous cachons les uns aux autres

---

[7] L. BOFF, *témoins de Dieu au cœur du monde, Op. Cit.,* p. 68.
[8] *Ibid.,* p. 67.

nos mauvais côtés. Et quand ceux-ci se découvrent, alors surgissent les discordes, les brouilles, les divorces »[9].

Nous formons un monde basé sur les intérêts, un monde où d'ailleurs, c'est l'égoïsme qui prévaut, 'chacun pour soi Dieu pour tous', c'est de l'indifférence, chacun vit pour soi, l'autre ne l'intéresse pas et ne fait même pas objet de ses préoccupations, l'on est froid au regard de la situation de l'autre. Celui-ci est vu même comme un objet, un moyen et non une fin. Nous sommes plus centrés sur nous-mêmes, et tout doit-être porté autour de nous.

L'Amour de Dieu par contre, il est gratuit, désintéressé, toujours et déjà tourné vers l'autre, et désire en premier, le bien de l'autre. Un amour qui se donne pour le bien de tous. Un amour qui souffre pour procurer du bien à l'homme déchu et perdu par le péché. Un amour qui sait s'abandonner, s'évader pour enrichir l'homme de ses richesses. Un amour incommensurable et intarissable qui se donne sans être fini ni séché, Il se donne sans être épuisé. Un amour qui, d'après le langage paulinien, prend patience, supporte tout, endure tout ; il rend service, il n'est pas enfermé en soi, il n'est pas jaloux, il sait apprécier chacun dans ce qu'il a et dans ce qu'il est, il ne se vante pas et ne se gonfle pas d'orgueil, il est humble et simple. Il ne fait rien d'inconvenant, il ne cherche pas son intérêt, il ne s'emporte pas, il n'entretient pas de rancune ; il ne prend pas plaisir avec les méchants et ne se réjouit pas de ce qui est injuste, mais il trouve sa joie dans ce qui est vrai et juste ; il fait confiance en tout et il espère tout (1Cor 13, 1-13).

De nos jours, il est difficile de faire confiance aux gens, nous vivons tous dans la peur de tous. Nous ne nous faisons plus confiance réciproquement, les uns les autres. Nous vivons une forme d'insécurité sociale au point où nous nous disons, à qui faire confiance ? Parce que nous avons été objets à plusieurs déceptions : déception des amis, des collègues ; de la trahison et de faux témoignage. En dépit de tout, l'Amour de Dieu est fidèle, il ne déçoit jamais et, espère et fait toujours confiance à l'homme quand bien-même l'homme n'agisse toujours pas selon les attentes de Dieu, l'Amour de Dieu est imperméable, inaltérable et compatissant. Puisque Dieu est Amour et qu'Il nous a manifestés son Amour en premier, nous sommes appelés nous aussi à nous aimer les uns les autres, à aimer comme Lui nous a

---

[9] A., EVINA, « *Dieu est amour (1Jn 4,8)* », cité dans le Journal chrétien, *Un regard chrétien sur le monde,* publié le 27 Janvier 2017. Consulté sur Internet, le 21/08/2022. Inédit.

aimés ; car, quiconque aime son frère est né de Dieu et connait Dieu et celui qui n'aime pas n'a pas connu Dieu (1Jn 4,7).

Certes, l'amour qui est la marque indélébile de la nature même de Dieu, se manifeste en nous lorsque nous sommes en mesure de montrer aux autres le même amour, lorsque nous sommes capables de nous dépouiller de notre égocentrisme pour le bien des autres, de nous abaisser pour élever et faire grandir les autres, de nous salir à l'instar du Bon Pasteur pour donner vie aux autres (Jn 10…). Ainsi, les gens reconnaitront que nous sommes vraiment enfants de Dieu (1Jn 3,10).

Dieu, mon assurance

Dieu qui est Créateur, Père et Amour, Il est notre assurance. Celui sur qui l'homme s'appuie, se maintient, se contient et se rend certain dans le quotidien de sa vie. Dans le livre de Deutéronome, l'auteur sacré affirme tout en rassurant le Peuple d'Israël en ces termes : « Sache aujourd'hui que l'Eternel, ton Dieu, marchera lui-même devant toi comme un feu dévorant, c'est lui qui les détruira, qui les humiliera devant toi ; et tu les chasseras, tu les feras périr promptement, comme l'Eternel te l'a dit. » (Dt 9,3).

Dieu est bien Celui qui marche par devant nos chemins, Il nous précède par des sentiers que nous ignorons, Il nous rassure de sa présence. Il lutte contre tous nos oppresseurs et, loin de les humilier devant nous, comme un feu, Il dévore et périt tous nos ennemis. C'est ainsi que l'auteur du livre aux hébreux nous invite à nous approcher avec un cœur tout sincère, limpide dans la plénitude de la foi, devant le Seigneur (He 10,22), car le Seigneur Dieu non seulement, Il nous rassure de sa présence, Il nous donne en possession le pays en héritage, le pays où ruissellera le miel et du lait ; et sans crainte ni contrainte, nous le posséderons (Dt 1,21 ; Jos 1,9 ; 2Chr 20,17).

Le Seigneur Dieu est notre rempart, de ce fait, nous ne pouvons avoir peur de quoi que ce soit ; et même lorsqu'il nous fait marcher dans l'obscurité de la terre, nous n'aurons peur de rien, car il est avec nous et nous ne manquerons non plus de rien (He 12,5), Il est notre allié, notre bouclier, notre forteresse, Celui qui nous libère des mains de nos bourreaux, et quand nous traversons les vallées de la mer, nous ne craignons aucun mal, car le Seigneur Dieu est avec nous. Et c'est « avec assurance que nous pouvons dire : Le Seigneur est mon aide, je ne craindrai rien ; Que peut me faire un homme ? » (He 13,6).

Notre secours est entre les mains de Dieu, Créateur du ciel et de la terre, aux jours du châtiment, Il nous assure la paix ; aux jours d'angoisse, la joie. Aucun homme, de nature humaine n'a le pouvoir sur les enfants de Dieu. Ainsi, déclare le livre de Psaumes : « L'Eternel est pour moi, je ne crains rien : Que peuvent me faire des hommes ? L'Eternel est mon secours, Et je me réjouis à la vue de mes ennemis. » (Ps 118,6-7).

L'homme, qui a Dieu ne craint rien, ne tremble point devant les puissants de ce monde, et même le monde des ténèbres lui obéit, et tremble devant lui ; lorsqu'il se tient sur les myriades de peuples qui l'assiègent de toutes parts, il ne craint rien (Ps 3,6). Et même lorsqu'une armée se campe contre lui, son cœur n'aurait aucune crainte ; lorsqu'une guerre de la discordance, de la haine, de la jalousie, se lève contre lui, il reste inébranlable et confiant à son Seigneur (Ps 27,3-5).

Dans la vie quotidienne, il se peut que vous passiez dans des situations de discorde, de dispute, de tiraillement, d'incompréhension, de malentendu, de trahison ; des situations perplexes et complexes qui vous laissent moins confortables aux côtés des autres, où vous vous sentez seuls dans l'isolement, abandonnés de tous, sans appui ni soutien du monde, vous vous retrouvez embarrasser, sans motivation et sans le désir de vivre, et la vie elle-même devient toute bouleversée, et vous vous demandez : Quoi faire ? Abandonner ? Se résigner ? Non !

C'est dans ce genre de situations que Dieu se fait vraiment notre assurance, notre rempart, notre citadelle, notre espérance, notre appui comme le dit David dans le Psaumes : « Ma chair et mon cœur peuvent se consumer : Dieu sera toujours le rocher de mon cœur et mon partage. » (Ps 8,38-39), et d'ajouter l'apôtre Paul avec un ton encore très confiant : « Car j'ai l'assurance que ni la mort ni la vie, ni les anges ni les dominations, ni les choses présentes ni la hauteur, ni la profondeur, ni aucune autre créature ne pourra nous séparer de l'amour de Dieu manifesté en Jésus Christ notre Seigneur. » (Rm 8,38-39).

Saint Paul va intégrer un élément très important de ce qui est de l'assurance de Dieu pour l'homme, son Amour manifesté en Jésus. C'est par amour et pour amour que Dieu se fait proche de l'homme en lui assurant son soutien et sa protection. Cette assurance dit Paul, nous l'avons par le Christ auprès de Dieu (2Co 3,4). Nous avons l'assurance que si nous demandons quelque chose auprès de Dieu, nous l'obtenions grâce au Christ mort et ressuscité pour nous.

Dieu mon Protecteur

Dieu est Créateur, Il est Père, Il est Amour et notre assurance. Il est de même notre protecteur, c'est-à-dire Celui qui nous protège, notre refuge et notre abri dans les détresses et dans les désarrois. Dans la maison, dans chaque famille, nous avons tous confiance à notre papa, nous nous tournons toujours vers lui lorsque quelqu'un nous provoque, et promet nous frapper. Nous allons vers papa pour faire le rapport de la journée, et même d'accuser ceux qui nous ont menacés pendant la journée. Nous voudrions sortir avec papa, nous promener avec lui beaucoup plus dans des endroits où l'on nous menace et nous a promis du mal, nous voudrions être à ses côtés, nous rassurer de sa présence. Le papa est là pour protéger la famille, assurer à tous les enfants la protection. C'est lui le « superman » de la famille, l'homme le plus fort du quartier. L'enfant aux côtés de son papa, il se sent toujours protéger et en sécurité, personne d'autre ne peut lui faire du mal parce qu'il sait que papa est là. Cela en est de même pour Dieu aux hommes qu'Il a créés.

En effet, Dieu n'est pas si éloigné des hommes, Il est bien plus proche de nous ; en dépit de la distance géographique qui s'établit entre le ciel et la terre, Dieu demeure omniprésent, Il est bel et bien plus proche de l'homme, en lui assurant le repos et la sécurité. Il se fait la forteresse, le bouclier, le refuge, le libérateur de l'homme (Ps 144,2). A chaque fois que l'homme se voit menacer par un danger qui guette sa vie, il n'a pas à craindre ni à se déstabiliser, car Dieu le Créateur et Père, par son Amour, Il assure à l'homme la protection véritable et sans faille en tout temps.

David l'ayant expérimenté, déclare : « Ainsi pendant le jour, le soleil ne te nuira pas, ni la lune pendant la nuit. Le Seigneur préservera ta vie, il te gardera de tout mal. Oui, le Seigneur te gardera de ton départ jusqu'à ton arrivée, dès maintenant et toujours. » (Ps 121,3-8). David nous montre combien Dieu est plus proche de l'homme, combien, Il marche avec lui, Il le soutient, Il le garde et le protège.

Comme dans chaque famille et dans chaque maison, Dieu Père est notre protecteur, Il nous rassure son soutien, sa force et sa protection. Il nous demande de ne pas craindre ni de nous promener les regards inquiets, car Il est avec nous et Il est notre Dieu. Dans l'angoisse de la vie, Il nous fortifie et vient à notre aide, dans la souffrance et la misère de la vie, Il vient à notre secours et nous soutient de sa droite triomphante (Es 41,10). Par sa protection, le Seigneur Dieu qui ne dort, ni ne sommeille, reste vigilant sur l'homme, Il veille sur ses pas ; Il marche avec lui, et le couvre sous ses bras de la protection divine. (Jos 1,5).

Chapitre deuxième : LA CREATION : ŒUVRE D'AMOUR DE DIEU

La création est et demeure l'œuvre d'amour de Dieu, le Créateur. C'est par amour et par sa libre volonté que Dieu créa l'univers et appela tout à l'existence. Il a tout créé par et pour amour. De tout ce qu'Il a créé, Il a vu que c'était bon, voire très bon. Il appela l'homme à l'existence et scelle l'alliance avec lui en le dotant de ses commandements et de ses préceptes. Malgré les péchés multiples de l'homme et son infidélité, Dieu continue à être fidèle à son alliance puisque celle-ci relève de l'expression de son amour envers l'homme et envers l'ensemble de sa création. Car, Il ne peut trahir son propre amour. A plusieurs fois, devant l'infidélité de l'homme, Dieu se détourne de péchés de l'homme et Il revient de sa colère (Gn 9, 13-16).

La création dans la Bible

La création dans la Bible est évoquée en deux récits dans le livre de la genèse ; les deux premiers chapitres démontrent les activités de Dieu, c'est-à-dire ce que Dieu a fait. Elle est exprimée par le verbe hébreu *léhavdil* dont la racine est *bet-dalet-lamed* pour désigner l'action de Dieu. Dans ce sens, la création est un acte par lequel Dieu donna l'existence à l'univers et la forme à la terre (Gn 1,4 ; 6 ; 7 ; 14 ; 18) ; un acte qui consiste à distinguer, à séparer et à produire (Gn 1,9). La lumière créée le premier jour apparait comme principe par excellence de la séparation du ciel et de la terre… La lumière comme le solaire dans la Bible apparaissent toujours pour distinguer et séparer : le jour de la nuit, les eaux inférieures des eaux supérieures…

Dans le premier récit (Gn 1-2 :4), Dieu crée le ciel et la terre, et tout ce qui y contient en six jours. Il ordonne progressivement la création jusqu'à l'installation d'Adam et Eve, un mâle et une femelle qu'il a créés à son image et à sa ressemblance en vue non seulement de régner mais également de dominer sur les poissons de la mer, sur les oiseaux du ciel, sur le bétail, sur toute la terre, et sur tous les reptiles qui rampant sur la terre. Dans ce récit, homme et femme, Dieu les créa à son image et à sa ressemblance, Il les bénit et leur donna l'ordre de se multiplier, d'assujettir la terre et de la dominer (Gn 1,27-28). Il leur donna pour nourriture, toute herbe portant de la semence et tout arbre ayant en lui du fruit et portant de la semence (Gn 1,29).

Dans le deuxième récit (Gn 2 : 4-25), Dieu après avoir tout créé, et ayant tout achevé en six jours l'œuvre de sa création, le septième jour Il se reposa et sanctifia ce jour. Les six premiers jours sont retenus comme le jour du travail, et le septième étant le jour du Seigneur, jour de repos. Dieu bénit et sanctifie le septième jour. Ce récit explicite davantage les origines de tout ce que Dieu a créé, les cieux et la terre, du moment avant que tout ne devienne à l'existence. Dans ce récit, Dieu modela l'homme de la poussière de la terre, Il souffla dans ses narines le souffle de vie et l'homme devint un être vivant (Gn 2,6). Puis, Dieu aménagea un jardin en Eden, du côté de l'orient, et plaça l'homme qu'Il avait modelé. Ensuite, Dieu fera pousser du sol des arbres de toute espèce agréable à voir et bons à manger, et l'arbre de la vie au milieu du jardin, et l'arbre de la connaissance du bien et du mal (Gn 2,9) etc.

L'homme placé au jardin d'Eden aura pour travail de cultiver le jardin et de le garder. Il fait notamment office d'intendant de l'œuvre de Dieu. Dans ce présent récit, la femme sera formée par Dieu de la côte qu'Il avait prise de l'homme, c'est-à-dire la femme proviendrait de la côte de l'homme, et quand ce dernier se réveilla de son profond sommeil, il s'exclama de joie en disant : « Voici cette fois celle qui est os de mes os et chair de ma chair ! » (Gn 2,23) et l'homme la nomma : 'femme' parce qu'elle a été prise de sa côte, et les deux deviendront une seule chair (Gn 2,23-24).

Nous comprendrons que la création est l'œuvre de Dieu. Elle relève dans la Bible de la libre initiative de Dieu. Deux récits dans la Bible nous parlent de la création : Genèse 1… et Genèse 2. Le premier récit nous relate la création en six jours du ciel et de la terre, et de tout ce qui y existe, y compris la création de l'homme et de la femme. Les deux dans le premier récit ont été créés par Dieu, homme et femme, Dieu les créa. Le deuxième récit de la création nous explique les origines de tout ce que Dieu a créé. Il parle cependant de la création en six jours et le septième jour, Dieu se reposa, Il bénit et sanctifie le septième jour comme étant jour du Seigneur et de repos. Dans ce même récit, Dieu modèle la femme de la côte de l'homme endormi dans un profond sommeil. Après s'être réveillé l'homme la nomma 'femme', comme être prise sur sa côte, l'os de ses os, la chair de sa chair.

De ce qui précède, la création dans la Bible, relève de la libre volonté de Dieu, c'est Dieu qui appela tout à l'existence. Que ressort finalement de la création de l'homme ?

La création de l'homme

Les Saintes Ecritures nous enseignent que l'homme est créé à l'image et à la ressemblance de Dieu, et il a été créé en vue du salut, mais un salut qui ne s'octroie pas, il implique l'effort, le travail à fournir de la part de l'homme pour obtenir ce salut. Il relève ainsi d'un processus constant et permanent pour qu'il obtienne ce pour lequel il a été créé. Parcourant le deuxième récit de la création de l'homme, nous avons noté qu'ici, l'homme créé par Dieu, il a été placé au Jardin d'Eden, et Dieu lui avait confié la responsabilité de garder, de protéger et de cultiver le Jardin. L'homme jouera ainsi le rôle d'intendant de la terre. Il ne s'en fera pas le propriétaire plutôt le gardien.

Faisons comprendre que de tout ce que Dieu a créé : le ciel et la terre, les astres du ciel, les bêtes, les végétaux et autres, la création de l'homme fut un plan tout à fait différent des autres créatures. Après avoir tout créé, comme le premier récit nous le démontre, Dieu décida par un genre littéraire soulignant le pluriel dans la création de l'homme, de créer un être à leur image et qui leur sera semblable : « Faisons l'homme à notre image, selon notre ressemblance, et qu'il domine sur les poissons de la mer, sur les oiseaux du ciel, sur le bétail, sur toute la terre, et sur tous les reptiles qui rampent sur la terre. » (Gn 1, 26). L'homme est le seul être créé à l'image et à la ressemblance de Dieu. Cette distinction place l'homme au-dessus d'autres créatures, et fait de lui, l'être le plus cher à Dieu.

L'Homme, image de Dieu

De toutes les créatures de Dieu, seul l'homme a été créé à l'image et à la ressemblance de Dieu et le seul être capable de connaitre et d'aimer Dieu son créateur parce qu'il est la seule créature au monde que Dieu a voulu à son image et à sa ressemblance (Gn 1,26 ; CEC n° 1700). Créer à l'image de Dieu implique la similitude physique de ce qui est comme Dieu. Par cette similitude, seul l'homme est invité à partager par ses connaissances et par amour, la vie de Dieu. C'est par cette fin, qu'il a été créé et delà renferme sa dignité (CEC n° 1703). Cette dignité qui fait de lui non seulement quelque chose, quelqu'un, un individu, un humain, mais également une personne capable de se connaitre, de se posséder et d'entrer en communion avec son créateur en lui offrant une réponse de foi et d'amour que d'aucun des êtres sur terre ne puissent lui offrir (CEC n° 1704). De tout ce que Dieu a créé, seul l'homme qui a été créé comme Dieu, à son image et à sa ressemblance. Il a été créé ainsi non seulement de simple différenciation à d'autres créatures mais également pour veiller sur ces dernières, les dominer et les gouverner à titre d'intendant.

L'Homme, merveille de Dieu

L'Homme étant une merveille du monde à travers le rayonnement de ses œuvres, il est une merveille de Dieu puisqu'il a été créé à l'image et à la ressemblance de Dieu, laquelle image et laquelle ressemblance le placent par-dessus d'autres créatures. L'homme est créé avec une beauté divine, une beauté dérivée de son archétype parfaite. Cette beauté qui n'est qu'un resplendissement extérieur d'une figure, d'un visage, se fonde cependant dans la béatitude indicible d'une vie parfaite comme une vertu de la liberté spirituelle, de l'amour à autrui, de l'éloignement du mal au bien. Voilà ce qui fait de l'homme, la merveille de Dieu, le rend bon et le dignifie parce qu'il partage la bonté et la dignité du fils de Dieu. Cette dignité est fondée essentiellement sur le fait qu'il soit créé à l'image et à la ressemblance de Dieu. Elle se fonde aussi pour dire avec le Magistère sur la vocation de l'homme à communier avec Dieu par amour et pour l'amour (*GS* 19).

Certes, l'homme est la seule créature dont Dieu se réjouit et se merveille par le fait de l'avoir créé à son image et à sa ressemblance, la seule créature qui est comme Dieu. Voilà pourquoi Dieu se réjouit de la création de l'homme, car ce dernier est une merveille de Dieu et constitue la cause d'admiration de Dieu, son Créateur. Dieu se réjouit de l'homme non seulement par le fait d'être créé à son image et à sa ressemblance mais également à travers ses bonnes œuvres, lorsqu'il fait du bien et il apprend à aimer comme Dieu son Créateur, source de tout bien et de tout amour, modèle par excellent de tout agir de l'homme (CEC n° 1706).

La dignité de l'homme dès la création

La dignité de l'homme est acquise dès sa création, du fait d'être créé à l'image et à la ressemblance de Dieu, *homo, imago Dei.* C'est cette image de Dieu qui rend l'homme capable de connaitre, d'aimer et de glorifier son Créateur qui a fait de lui, maitre et seigneur des autres créatures (Gn 1,26-28). Grace à cette image, Dieu a voulu que l'homme soit une créature pour Lui-même Dieu. Seul l'homme cependant, est appelé à partager, par la connaissance et l'amour, la vie de Dieu (GS 24 §3).

C'est pour cette fin d'ailleurs qu'il a été créé et sur ce, se fonde sa dignité. C'est Dieu Lui-même qui a imprimé cette image à l'homme en le créant tel que Lui Dieu est, digne de gloire et de majesté. Et le livre de Psaumes souligne en affirmant « Qu'est-ce que l'homme, pour que tu en prennes soin, et qu'est-ce qu'un être humain pour qu'a lui tu t'intéresses… Pourtant, tu l'as fait de peu inférieur à Dieu, tu l'as couronné de gloire et d'honneur. » (Ps 8,5-6).

Dieu en créant l'homme, l'a doté d'une immense splendeur, de dignité et d'honneur. C'est ce que l'Eglise atteste 'parce qu'il est à l'image de Dieu, l'individu humain à la dignité de personne, il est appelé, par grâce, à une alliance avec son Créateur, à lui offrir une réponse de foi et d'amour que nul autre ne peut donner à sa place' (CEC n° 357). Seul l'homme est capable de croire, d'espérer et d'aimer Dieu.

En effet, cette dignité de l'homme acquise dès la création, exige de lui d'être en relation avec son Créateur, de L'aimer et de se confier en Lui. De ce fait, l'essence et l'existence de l'homme doivent être de manière constitutive en relation avec Dieu et de façon la plus profonde qui soit (Gn 1,26-28, CEC n° 358). Laquelle qualification qui atteste la gloire de l'homme, et symbolisée par le Jardin d'Eden ou l'homme vécut en parfaite harmonie avec Dieu avant sa chute par le péché, et qui lui attribua également la gestion de ce Jardin d'Eden.

Par ce fait, l'homme est créé non seulement comme intendant de la création, mais également comme responsable des autres créatures de Dieu. Il est appelé à veiller sur toute la création même sur ses semblables, il en a la responsabilité. C'est ainsi qu'il lui est strictement interdit et sévèrement défendu de mettre fin en aucune manière sur la vie de ses semblables (Gn 9,5, Ex 20,13, Dt 17). Ce qui veut dire, la vie de l'homme est sacrée et inviolable. L'homme est appelé comme le Christ nous le demande à aimer son prochain, à respecter et à protéger sa vie.

Faisons savoir que la sacralité de la vie de l'homme relève de sa dignité d'être créé à l'image et à la ressemblance de Dieu. C'est à l'homme qu'a été attribuée la seigneurie de Dieu (Gn 1,28), ce qui lui donne pouvoir de gérer et de sauvegarder la création.

Cependant, cette conception chrétienne de la dignité humaine acquise dès la création apparait de nos jours, percutée à plusieurs idéologies et pensées. Notons ici, la mise en place de nouvelles formes d'esclavage, le traitement indigne d'immigration dans la plupart de pays du monde, le phénomène de vente des organes humains en contrepartie de l'argent, le phénomène vitrine des filles en prostitution, laissent très perplexe la question de la dignité de l'homme telle que voulue par Dieu dès sa création pour l'homme qu'il a voulu à son image et à sa ressemblance.

L'homme, intendant de la création

Parler de l'intendance de l'homme revient à dire, la tâche que l'homme assume et doit accomplir sur la création, laquelle tâche qui lui est assignée par Dieu à la fin de la création comme le deuxième récit de la création nous le démontre : « L'Eternel Dieu prit l'homme, et le plaça dans le jardin d'Eden pour le cultiver et pour le garder. » (Gn 2,15). L'homme aura la tâche non seulement de se multiplier comme cela se laisse entendre au premier récit de la création, mais également de la sauvegarde de tout ce que Dieu a créé, c'est-à-dire d'être son intendant, le gardien et le gérant de la création.

Certes, en créant l'homme à son image et à sa ressemblance, Dieu donna à ce dernier le pouvoir de cultiver la terre, de la soumettre et de la dominer ; comme disait Napoléon Bonaparte : « *L'homme en naissant porte en lui des droits sur la portion des fruits de la terre nécessaires à son existence.* »[10] Quoi qu'il en soit, l'homme n'en est pas le maître moins encore le propriétaire. La maitrise de la science dont il possède, l'intelligence qu'il a d'inventer comme être créé à l'image et à la ressemblance de Dieu, c'est pour participer à la seigneurie de Dieu, à assurer un avenir pour la création et à collaborer avec la liberté absolue qui est Dieu.

---

[10] N. Bonaparte, cité dans *Jeune Afrique,* n° 2710 du 16 décembre 2012, p. 4.

C'est dans cette optique que le Pape François le rappelle parlant de l'Intelligence artificielle : « Comme pour toute autre activité humaine et tout développement technologique, l'IA doit être ordonnée à la personne humaine et faire partie des efforts visant à parvenir à 'une plus grande justice, à une fraternité plus étendue et à un ordre plus humain des relations sociales', qui sont 'plus précieux que les progrès dans le domaine technique'. » (Gaudium et Spes, 35 ; cf. CEC, 2293)[11].

Tout compte fait, affirme Hans Jonas, « *Toutes les libertés qu'il prend avec les habitants de la terre, de la mer et de l'air laissent pourtant inchangée la nature englobante de ces règnes et ne diminuent pas leurs forces créatrices* »[12].

Cependant, l'homme ne peut se laisser croire qu'il est le tout-puissant et qu'il suffit à lui-même. Par contre, la science, l'intelligence dont il dispose pour ne pas parler de la liberté, doit être toujours un « devenir à Dieu », un appel à ontogenèse et à phylogenèse, c'est-à-dire, une croissance qui s'inscrit toujours dans la ligne de l'humanité et dans la ligne de l'espèce de vivant conditionné dans le temps et dans l'espace. Oublier ces deux dimensions, c'est vouloir déclarer la révolte contre Dieu et abuser de son amour ; conséquence, la mort. Malheureusement ce qui s'observe, le fait remarquer le Pape François :

> « Il existe toutefois un risque que l'IA soit utilisée pour faire progresser le 'paradigme technocratique', qui perçoit tous les problèmes du monde comme pouvant être résolus par les seuls moyens technologiques. Dans ce paradigme, la dignité humaine et la fraternité sont souvent subordonnées à la recherche de l'efficacité, comme si la réalité, la bonté et la vérité émanaient intrinsèquement du pouvoir technologique et économique. Pourtant, la dignité humaine ne doit jamais être violée au nom de l'efficacité »[13].

En ce sens, « Les développements technologiques qui n'améliorent pas la vie de tous, mais créent ou aggravent les inégalités et les conflits, ne peuvent pas être qualifiés de

---

[11] François (Pape), *IA : « Chacun partage la responsabilité du bien-être intégral des autres »*, Message du Saint-Père au Forum économique mondial 2025. Consulté sur Zenit, le 23 Janvier 2025.

[12] H. JONAS, *Le principe responsabilité. Une éthique pour la civilisation technologique*, Paris, Cerf, 1990, p. 19.

[13] François (Pape), *AI : « Chacun partage la responsabilité du bien-être intégral des autres »*, op.cit.

véritable progrès. Pour cette raison, l'IA doit être mise au service d'un développement plus sain, plus humain, plus social et plus intégral »[14].

Toute action, tout agir de l'homme doué d'intelligence et de science, comme être créé à l'image et à la ressemblance de Dieu, se doit pour cause, son Créateur et à un « *choix d'un comportement responsable dans le respect de soi-même et des autres* »[15], en vue du Vrai Bonheur qui est : YHWH, le Dieu Créateur, le Très-Haut. Tout cela doit se faire comme nous l'interpelle le Pape Paul VI, « *dans la mesure où l'homme respectera les lois qui régissent l'élan vital et la capacité de régénération de la nature* »[16]. Tout doit être fait comme l'enrichit davantage le Pape François, dans la sauvegarde de notre 'maison commune' qui est aussi comme notre sœur avec qui nous partageons l'existence et comme notre mère qui nous accueille toujours à bras ouverts[17].

Fort malheureusement s'indigne le Pape François, « Cette sœur crie en raison des dégâts que nous lui causons par l'utilisation irresponsable et par l'abus des biens que Dieu a déposés en elle. Nous avons grandi en pensant que nous étions ses propriétaires et ses dominateurs, autorisés à l'exploiter »[18]. Ce qui serait même à la base, aux conséquences de ce en quoi l'homme d'aujourd'hui fait face et qui compromet à sa survie : le réchauffement climatique, la dégradation naturelle, voire les conflits armés.

---

[14] *Ibid.*

[15] F. Mbula, *Cours de Morale Chrétienne : Vertus Théologales et bioéthique,* Kinshasa, USAKIN, 2012-2013. Inédit.

[16] PAUL VI (Pape), *Message à la conférence de l'ONU sur l'environnement,* du 1er juin 1972.

[17] François (Pape), *Laudato si, Encyclique sur l'environnement,* n° 1, Rome, le 24 Mai, 2015.

[18] *Ibid.,* n° 2

Ainsi, pour faire face à ces enjeux qui guettent nos sociétés aujourd'hui et de pouvoir jouir en bon escient l'intelligence dont l'homme est dotée, toutes les structures, catégories confondues ; tous les secteurs de productions, les organismes, la société civile, les gouvernements d'Etats, « doivent faire preuve de diligence raisonnable et de vigilance. Ils doivent évaluer de manière critique les applications individuelles de l'IA dans des contextes particuliers afin de déterminer si son utilisation favorise la dignité humaine, la vocation de la personne humaine et le bien commun »[19].

Car, la terre n'appartient pas à l'homme comme si ce fût son propre bien, mais c'est l'homme qui appartient à la terre comme créature qui vient de la terre et c'est de la même terre qu'il retournera. Tout ce qu'il a : son intelligence, sa science, sa technologie, il n'en dispose que comme un simple gérant et un intendant de l'œuvre de son Créateur, Lui qui créa et la terre et l'homme. L'homme se doit d'appliquer son intelligence artificielle « dans un cadre d'intelligence relationnelle, où chacun partage la responsabilité du bien-être intégral des autres »[20] et l'orienter vers le bien de tous[21].

Dieu a donné à l'homme simplement le devoir et le droit de cultiver la terre, de la soumettre et de la dominer dans la perspective de participer à la seigneurie de son Créateur, de pouvoir assurer un avenir pour la création et à collaborer avec la liberté absolue qui est Dieu dans le choix d'un comportement responsable, dans le respect de soi-même et dans le respect des autres en vue du Vrai Bonheur qui est Dieu.

---

[19] François (Pape), *IA : « Chacun partage la responsabilité du bien-être intégral des autres »*, op.cit.
[20] François (Pape), *IA : « Chacun partage la responsabilité du bien-être intégral des autres »*, op.cit.
[21] *Ibid.*

La chute de l'homme

L'homme est la seule des créatures qui a trouvé grâce aux yeux de Dieu parce qu'il a été créé comme Dieu, à son image et à sa ressemblance. C'est pour lui que la terre et le ciel existent, et Dieu a tout mis sous son pouvoir (CEC 358). C'est ce qui fait de lui au-dessus des autres créatures, le gérant et l'intendant de la création (Gn 1,28 ; 2,15). Au Jardin d'Eden, l'homme jouissait d'une grande liberté, d'un grand bonheur et d'une vie heureuse, paisible, douce, tranquille et bienveillante. C'était l'état de la perfection où tout y était comme Dieu Lui-même avait créé, bon. Mais l'homme qui, par sa libre volonté et soucieux de tout savoir et de tout découvrir, se laissera prendre par Satan le diable qui vient lui proposer de faire ce qui lui a été prohibé par Dieu. C'est là où tout va commencer, le début du scénario sur la chute de l'homme. « L'homme, séduit par le Malin, a abusé de sa liberté au tout début de l'histoire. Il a succombé à la tentation et a fait le mal. Il désire toujours le bien, mais sa nature porte la blessure du péché originel. Il est désormais enclin au mal et sujet à l'erreur. » (CEC n° 1707).

En effet, le serpent, le plus rusé de tous les animaux, pousse la femme à la tentation, il lui dit : « Est-il vrai que Dieu vous a dit : Vous ne devez manger aucun fruit du jardin ? La femme répondit : 'Nous pouvons manger les fruits du jardin. Mais quant aux fruits de l'arbre qui est au centre du jardin, Dieu nous a dit : Vous ne devez pas en manger, pas même y toucher, de peur d'en mourir' ». Le serpent répliqua : « pas du tout, vous ne mourrez pas. Mais Dieu le sait bien : dès que vous en aurez mangé, vous verrez les choses telles qu'elles sont, vous serez comme lui, capables de savoir ce qui est bien ou mal. » A ces mots, la femme voulut comprendre et elle mangea le fruit de l'arbre et en donna aussi à son homme. 'Alors ils se virent tous deux tels qu'ils étaient, ils se rendirent compte qu'ils étaient nus.' » (Gn 3).

A son arrivée, Dieu ne trouva pas l'homme à la place que Lui Dieu l'avait placé. Il sillonna alors le Jardin, et trouva l'homme et la femme cachés, tout nus et vêtus de honte. Il interrogea à l'homme : 'où êtes-vous ?' 'Nous nous sommes cachés parce que nous avons honte.' Dieu se réalise qu'ils ont mangé le fruit de l'arbre interdit par Lui Dieu, et Il les chassa du paradis. Il dit à l'homme : « Tu as écouté la suggestion de ta femme et tu as mangé le fruit que je t'avais défendu. Eh bien, par ta faute, le sol est maintenant maudit. Tu auras beaucoup de peine à en tirer ta nourriture pendant toute ta vie ; il produira pour toi épines et charbons. Tu devras manger ce qui pousse dans les champs. Tu gagneras ton pain à la sueur de ton front jusqu'à ce que tu retournes à la terre dont tu as été tiré.

Il y eût dès lors une litanie de conséquences qui découleront de ce péché originel commis par Adam et Eve. Dieu va punir les deux, et même le serpent ; l'homme et la femme vivront en dehors du Jardin d'Eden, l'endroit magnifique et élégant que Dieu avait préparé pour eux ; ils feront l'expérience de la souffrance. Rien ne peut obtenir l'homme sans peiner, sans la moindre souffrance, car Dieu lui a dit : 'tu mangeras à la sueur de ton front.' L'homme devra lutter pour vivre, la vie deviendra pour lui, un combat. C'est la genèse de la souffrance au monde.

En effet, la source de la chute de l'homme est à situer sous deux volets : dans un premier temps, elle proviendrait de la désobéissance de l'homme à la Parole de Dieu. Cela est dû à son instinct de l'autoréalisation, de vouloir devenir comme Dieu, de se réaliser sans le concours d'aucun. L'instinct de se faire valoir, d'être comme son Créateur. C'est le péché de la désobéissance et de l'orgueil humain. Sous l'autre angle, nous situerons cette cause à la curiosité de l'homme de vouloir découvrir ce qui était caché derrière l'interdit, vouloir connaitre et de découvrir l'arrière-plan de l'interdit. C'est aussi le fait de douter de soi-même, de ne pas être sûr de soi, de s'ignorer, en développant en soi, le vide mental, psychique et religieux, se faisant persuader par l'extérieur dont l'argumentaire se veut éloquent et convainquent. C'est le péché de l'ignorance et de la curiosité de l'homme.

Certes, la Théologie décrit cet événement de la chute de l'homme comme étant la conséquence du péché de l'homme, ce qu'elle a appelé : 'le péché originel' qui se fonde sur la désobéissance et l'orgueil de l'homme ainsi que sur l'ignorance et la curiosité de l'homme qui l'ont conduit à goûter le fruit de l'arbre de la connaissance du bien et du mal. La Bible ne fait pas allusion à la pomme. L'entrée de cette dernière comme figure de style dans le récit de la chute s'est faite à partir de son origine latine : *malus* qui signifie également la 'pomme' et renvoie du mot latin : *malum* qui veut dire, le 'mal'. Elle s'explique ainsi comme étant l'origine du mal. Elle s'exprime cependant dans la Théologie chrétienne comme le péché originel commis par nos premiers parents Adam et Eve.

Cependant, le récit de la chute de l'homme dans le livre de la Genèse nous fait montre l'origine du péché de l'homme et des conséquences qui en découlent. L'homme qui perd son état de stabilité, de quiétude, de paix, d'harmonie au Jardin d'Eden pour dorénavant siéger un état où pour tout avoir, il doit mouiller les maillots, il doit peiner ; bref, il doit tirer la sueur de son front. Par ce péché, la nature lui est devenue plus hostile et plus austère. La mort est entrée dans le monde, la souffrance est devenue un mot à l'usage courant pour tous. Et le mal, continue son cours dans le monde. Ce qui fait que nous assistions dans les différents coins du monde, à des génocides, à des meurtres, à des guerres interminables, à des injustices notoires, à des mélancolies, à des divisions, à des querelles, à la haine et à des rivalités, etc.

De toute évidence, le mal pernicieux a siégé domicile le monde et s'est installé dans le cœur de l'homme. Mais, Dieu dans sa toute bonté et dans sa majesté ne laisse pas l'homme s'égarer moins encore le mal prendre ses racines au cœur de l'homme que Dieu Lui-même a créé et Il a estimé digne et bon d'être créature à son image et à sa ressemblance. Il se donne d'aller à la rencontre de cet homme perdu, pour le ramener vers

Lui, dans son état initial du Paradis. Telle est d'ailleurs la destinée de tout chrétien : hériter le Royaume des Cieux. La libération du Peuple d'Israël de l'esclavage par Moïse, les différentes missions des Prophètes au monde, la venue du Fils de l'homme, sa mort et sa résurrection, sont des signes parlant de ce grand désir de Dieu, de ramener l'humanité perdue vers sa destinée, le salut. « Par sa Passion, le Christ nous a délivrés de Satan et du péché. Il a mérité pour nous la vie nouvelle dans le Saint-Esprit. Sa grâce restaure ce que le péché avait endommagé en nous. » (CEC n° 1708).

L'homme étant aimé de Dieu, la seule créature que Dieu a voulue à son image et à sa ressemblance, il ne pouvait pas être abandonné à son propre sort et resté dans l'obscurité du péché sans le concours de son Créateur. Ainsi, Dieu par le biais de Moïse son serviteur, il va donner à l'homme, les préceptes, les dix commandements pour reprendre l'homme sur son chemin d'égarement et le garder uni à ses semblables et à Dieu son Créateur (Ex 19,5-8 ; 20,1-21 ; Jr 11,4-5). Toute la Théologie de l'Ancien Testament consisterait justement à montrer combien l'homme reste uni à Dieu et à ses semblables lorsqu'il garde ses préceptes. Et, combien l'homme s'égare lorsqu'il s'éloigne de Dieu et marche selon sa propre volonté.

Chapitre troisième : DIEU PRESENT DANS NOTRE VIE

L'homme qui a été déchu de suite du péché commis par son ignorance, par sa désobéissance, par sa curiosité, se retrouve hors de l'endroit qui lui a été voulu et destiné par son Créateur. Il est hors du Paradis, et devient un peuple nomade, se promenant partout au monde sans stabilité et sans quiétude. Dans cette condition, Dieu ne le laisse pas, Il vient à sa rencontre, Il se révèle en lui comme Dieu d'amour, de miséricorde, de tendresse, et scelle l'alliance avec lui, dans le désir de lui procurer la vie heureuse et éternelle. Celle-ci s'acquiert cependant, par la foi de l'homme qui devient le déterminant pour obtenir le Royaume du Ciel et de se rétablir dans sa dignité de fils de Dieu.

Dieu à la rencontre de l'homme

Dans son amour infini, Dieu n'abandonne pas l'homme qui a été perdu par le péché. Il se met à sa recherche. Il prend l'initiative d'aller à la rencontre de l'homme, d'abord là où Il l'avait placé dans le jardin. Pris par la honte de découvrir qu'ils étaient nus, et de la peur de leur Créateur, l'homme et la femme se cachèrent dans les arbres du jardin. Dieu passa d'abord là où Il les avait laissés ; lorsqu'Il ne les eût pas trouvés à l'endroit placé, Dieu se donna la peine de se mettre à la recherche de l'homme. Il va le chercher partout et se promener à la brise du soir de tout côté du jardin bondissant des cris d'appel à l'homme, jusqu'à se faire entendre par sa voix dans sa promenade au jardin. Il appela l'homme et lui dit : « Où es-tu ? » (Gn 3,9). Celui-ci lui dira : « J'ai entendu tes pas dans le jardin et j'ai eu peur, parce que je suis nu ; c'est pourquoi je me suis caché. » (Gn 3,10). Et le Seigneur Dieu dit à l'homme : « Qui t'a appris que tu étais nu ? » (Gn 3,11).

A cette question, toute une série d'accusations se succédèrent : de l'homme à la femme en passant par le serpent. L'homme qui attribue la faute à Dieu du fait d'avoir créé et mis la femme à ses côtés. La femme à son tour décline la responsabilité et accuse le serpent : « Le serpent m'a trompée et j'ai mangé. » (Gn 3,13). Nous ne le dirons jamais assez ! L'homme et la femme personne n'assume la faute ! Ce qui peut laisser clairement attendre, la fuite de responsabilité.

Du temps d'Adam à nos jours, il est de monnaie courante de constater, combien quelqu'un même pris en fragrance nie toute responsabilité et cherche à trouver de bouc-émissaires, voire inculper à d'autres la responsabilité tout simplement pour ne pas être critiqué, jugé et condamné et, de ne pas être mouillée de honte. Nous n'acceptons pas facilement des erreurs, le mal c'est l'autre, le fautif c'est l'autre. Et nous nous cachons parce que nous ne voulons pas que les autres découvrent nos failles, nos bêtises, nos sottises ; et parfois, il nous arrive d'agir ainsi parce que nous avons honte de nous-mêmes, de notre personnalité ; honte de ce que nous sommes et de ce que nous venons de commettre comme flagrance, honte de qu'en dira-t-on ? Aussi, nous avons peur que nous soyons découverts et que le forfait commis soit révélé, peur d'avoir transgressé le principe, peur du sort qui nous réserve le délit commis : que arrivera-t-il ?

Dieu ne peut nullement pas être responsable de la faute de l'homme. Il a créé l'homme librement, et le laisse aussi libre d'agir. L'homme est le seul responsable de ses propres actes, de son agir et de ses actions. Dieu par contre, respecte la liberté de l'homme, Il ne s'impose pas à lui, au contraire, Il lui fait des propositions et fait confiance à l'homme. C'est à l'homme de prendre ou de laisser. De toutes les créatures de Dieu, seul l'homme dont Dieu respecte la liberté, même pas celle des anges. Dans toute sa bonté, Dieu montre à l'homme le chemin à suivre pour qu'il vive longuement et hérite le Royaume des cieux. Quand bien même Dieu place devant l'homme la vie et la mort, la bénédiction et la malédiction, Il invite cependant l'homme à choisir la vie pour qu'il vive, lui ainsi que toute sa race après lui (Dt 30,19).

De plusieurs manières, Dieu se donne à se mettre à la rencontre de l'homme pour le racheter. Il se met à la recherche de l'homme à travers ses commandements pour tenter de récupérer l'homme qui s'est perdu dans le péché (Dt 28,1). Il se met à la rencontre de l'homme à travers les prophètes qui ont pour mission de rappeler aux rois et à tout le peuple d'Israël, la Loi de Dieu. Il se met finalement à la rencontre de l'homme à travers sa Parole, son Verbe qui a pris notre chair, Jésus le Christ, le Fils de Dieu (Jn 1 ; He 1,1-2).

Dieu se révèle à son Peuple

Dès par sa bonté, sa bienveillance, son amour et son libre agir, il a plu à Dieu de se manifester dans le temps à travers l'histoire d'un peuple que Lui-même Dieu a choisi, Israël. Il s'est révélé déjà dans la création, par sa libre initiative de créer le monde et tout ce qui y existe. A chaque créature, Dieu laisse son timbre du Créateur. Il le laissera encore à un degré plus élevé dans la création de l'homme où Il révèle sa similitude physique, de ce qui est comme Dieu, l'homme créé à l'image et à la ressemblance de Dieu. Dieu formera ce peuple et lui donnera des rois pour gouverner et diriger son peuple. Il lui fera de même grâce des Prophètes pour rappeler aux rois et au peuple, les commandements divins.

Ainsi, Dieu va se révéler à son peuple à travers les Prophètes qui avaient pour mission hormis le rappel des commandements divins, de parler au nom de Dieu, ils cherchent à comprendre quand le malheur s'abat sur le peuple ce qui est la volonté de Dieu, et devant les situations politiques de leur époque, ils cherchent à dénoncer le mal, l'injustice et à forger la trame essentielle de l'espérance du peuple d'Israël pour un lendemain meilleur. Dans les temps qui furent les nôtres, Dieu va se révéler finalement en son Fils Jésus-Christ (He 1).

La création est le lieu de la manifestation de Dieu. Dieu se révèle, nous l'avons dit, dans sa création comme le Dieu Créateur. Il scelle l'alliance avec son peuple à travers Abraham. Il demeure fidèle dans cette alliance malgré le trébuchement de l'homme. C'est ainsi qu'Il se définit comme le Dieu d'Abraham, d'Isaac et de Jacob pour dire, qu'Il n'est pas un Dieu des morts mais des vivants, Dieu de l'éternité.

Pour se faire présent au milieu de son peuple, Il va doter ce dernier, des commandements, le décalogue, c'est-à-dire les dix paroles prononcées par Dieu à Moïse pour les fils d'Israël. Il va se faire présent au milieu de son peuple par les Prophètes mandatés de parler au nom de Dieu. Et enfin, Il va se faire présent au milieu de son peuple en son propre Fils Jésus-Christ, le Verbe incarné de Dieu, le logos du Père, c'est-à-dire la Parole de Dieu qui s'est faite chair et a pris la condition humaine, la Parole qui a pris corps humain.

Jésus-Christ est l'événement capital du Nouveau Testament, il se révèle d'ailleurs au centre de deux alliances, nouvelle et ancienne. Il est le contenu révélé du Père, la Parole à partir de laquelle Dieu se fait proche de l'homme. Il est l'accomplissement, la réalisation et la manifestation du Père. En lui « Jésus de Nazareth Dieu se fit perceptible et palpable »[22]. C'est-à-dire, « 'Le logos' qui pénétrait toute la réalité et qui était interprété comme le sens de la vie, de l'histoire des hommes, n'était certainement pas une idée abstraite ; c'était, certes, une réalité invisible mais qui, désirant se rendre visible, *se fit chair et établit sa tente parmi nous* (Jn 1, 14) »[23].

En Jésus le Nazaréen, Dieu quitte de l'invisible pour le visible, de l'idée au concret, de l'imaginaire au réel. Considérant cette affirmation, « c'est croire que Dieu, dans le Verbe incarné, se fait réellement homme »[24].

---

[22] L. BOFF, *Témoins de Dieu au cœur du monde, Op. Cit.,* p. 25.

[23] *Ibid.*

[24] Cfr. K. RAHNER, « Réflexions théologiques sur l'Incarnation », in *Ecrits théologiques,* III, Paris, Desclée, 1959, p. 79-101 ; W. KERN, « L'événement Jésus Christ et le problème de la Théodicée », in *Mysterium Salutis* 13, Paris, 1972, p. 235-277 ; W. PANNENBERG, *Esquisse d'une Christologie,* Paris, Cerf, 1971, p. 239-266 ; L. BOFF, *Jésus Christ Libérateur,* Paris, Cerf, 1974, p. 179-203, cités par L. BOFF, *Témoins de Dieu au cœur du monde, op. Cit.,* p. 25.

Dieu se révèle à son peuple de par sa libre initiative, le premier à faire le pas de venir vers l'homme. Il Lui a plu dans sa bonté et sa sagesse de se révéler en personne et de faire connaître à tout le peuple le mystère de sa volonté (Ep 1,9) grâce auquel tous les hommes par le Christ, le Verbe fait chair, accèdent dans l'Esprit Saint auprès du Père et sont rendus participants de la nature de Dieu (DV n° 2).

Pour le Saint Concile Vatican II, Dieu qui se révèle à son peuple, s'adresse à lui en son surabondant amour comme à des amis, Il s'entretient avec lui pour l'inviter et l'admettre à partager sa propre vie (DV n° 2), participer à la seigneurie de Dieu. Telle est la raison pour laquelle Dieu s'est pleinement révélé en son Fils Jésus-Christ.

Le désir de Dieu

Le désir est un souhait que tout le monde éprouve, un besoin voué à la possession d'un bien ou d'un avantage quelconque. Il relève d'un manque et renvoie bien entendu, à l'homme qui désire obtenir ce qu'il n'a pas ou, le sentiment de vouloir obtenir et maintenir davantage ce qu'il possède tout comme d'en avoir plus. Qu'en est-il alors de Dieu ! Dieu exprime-t-il aussi un désir ? Et le désir de Dieu, est visé vers quoi ? Bref, qu'en est-il de désir de Dieu ?

Certes, le désir de Dieu s'inscrit dans le cœur de l'homme, il part de son plus grand dessein résidant dans sa libre initiative de la création du monde et de l'homme. Dieu a créé le monde pour l'homme et Il a donné le monde à l'homme pour en être l'intendant et le gérant. Dès son acte de créer, Il a voulu que tout soit bien et bon jusqu'à la création de l'homme qui, d'ailleurs, Lui ressemble et est créé à l'image de Dieu.

En créant l'homme et la femme, Dieu veut que rien ne leur manque, Il les bénit d'abord en les invitant à se multiplier, à se développer, à remplir la terre et à la dominer (Gn 1,28). Ensuite, Il leur donne le pouvoir et l'autorité sur les autres créatures du ciel et de la terre, et même pour se nourrir de « toutes les plantes à graines qui poussent sur la terre, et tous les arbres qui portent des fruits avec leur semence. » (Gn 1,29).

Le désir de Dieu s'étend et s'exprime également par le souhait de bonheur, de félicité, de joie, d'amour, de santé, de longévité qu'Il formule à l'homme, par-dessus tout, la vie éternelle. Dieu reste inquiet et préoccupé lorsque l'homme vit dans la perdition, sans amour et malheureux d'autant plus qu'il n'a pas été créé pour le malheur par contre, pour le projet d'une destinée glorieuse et meilleure, le salut. Il le déclare Lui-même dans le livre de Jérémie que « (…) j'ai formé sur vous, dit l'Eternel, projets de paix et non de malheur, afin de vous donner un avenir et de l'espérance. » (Jr 29,11). Et dans le Psaumes, David le fait savoir que le Seigneur Dieu a multiplié ses merveilles et ses desseins en notre faveur, ses voies sont parfaites, et ses pensées impénétrables (Ps 18,30 ; 40,5;139,17).

En effet, le but ultime de la vie de l'homme, c'est de louer Dieu quand bien-même nos chants n'ajoutent rien à ce qu'Il est, c'est bien Lui-même qui nous inspire de Lui rendre grâce, de Le louer et de Le glorifier[25]. Et si Dieu est le but ultime de la vie de l'homme, cela veut dire que tout ce que doit faire l'homme, doit être tourné et orienté vers Dieu. Tel est d'ailleurs, le désir de Dieu que l'homme se détourne de ses mauvais chemins, et qu'il revienne vers Lui.

Disons-le, Dieu nous prouve tous les jours son amour, Il nous accorde le souffle de vie, la santé, la force, la bénédiction, le courage de travailler, l'intelligence dans les études, la nourriture sur la table ; et même lorsque nous tombions dans les péchés, Il se met sur notre direction, des bras ouverts en train de nous attendre revenir vers Lui ; et lorsque nous y arrivions à l'instar du fils prodigue, Il nous accueille, Il nous embrasse si tendrement, Il nous couvre de la plus belle tunique au corps, d'un anneau au doigt et des chaussures aux pieds, et donne un banquet le plus prestigieux à notre honneur en commandant même à ses serviteurs d'aller chercher le veau gras et de le tuer, car il nous faut manger et faire la fête. (Lc 15,22-24).

Un tel geste ne peut sortir que d'un père qui veut et ne désire que le bien de ses enfants. Il se préoccupe de leur bien-être, de leur avenir et de leur bienfait, le bonheur. Cela vaut de même pour Dieu.

C'est la fête au ciel quand un pécheur se convertisse car, Dieu ne désire pas la mort d'un pécheur mais plutôt sa conversion, et qu'il se tourne vers Lui. Devant le détournement

---

[25] Cf., *IVè Préface Eucharistique, Missel Romain,* nouvelle édition, Paris, Mame, 2021.

de l'homme, Dieu reste un Dieu patient, plein d'amour, de tendresse et de pitié ; lent à la colère, plein de générosité et miséricordieux. Il se préoccupe pour reprendre l'homme sur le chemin de son salut, la vie éternelle.

Bien entendu, sur cette terre, nous pouvons bien réaliser des grands exploits, des succès et des prouesses : réussir dans la vie, à l'école, dans ses projets, dans son business… Mais dans tout cela, quel intérêt pour l'homme de gagner tout l'univers s'il vient à perdre son âme ? S'est interrogé Jésus en Mt 16,26.

Il n'est pas mal que l'homme se réjouisse de ses richesses, de ses biens, de sa fortune encore sur terre ; de briller par son intelligence et de briguer tous les échelons de la vie, de réaliser des exploits suite à son génie d'esprit, d'impacter sa génération. L'important dans tout cela est de ne pas oublier Dieu.

En effet, c'est de chercher en tout et pour tout, ce qui est de la volonté de Dieu : faire le bien, aimer son prochain, éviter le mal, conformer sa vie aux préceptes divins. Et alors, lorsque nous vivions dans la pire misère du monde, et que nous observions les commandements de Dieu et nous cherchons ce qui est de sa volonté, Dieu finit par récompenser encore sur terre, et dans le monde avenir, Il nous donne le Paradis céleste et nous fait combler des joies éternelles (Job 8,3-7 ; Mt 5).

De ce fait, l'homme est appelé à garder sains son âme et son corps, à veiller pour qu'il ne soit souillé d'aucun péché en vue d'hériter le Royaume des cieux qui est d'ailleurs, le désir ultime et le souhait fondamental de Dieu pour toute l'humanité. Dieu en a ainsi voulu déjà par la naissance de son Fils, qui, avait pour mission, de donner par sa mort, la vie au monde avec pour but que tous les hommes connaissent le Père comme *le Dieu Unique et Vrai*, et celui que le Père a envoyé, Jésus, le Christ (Jn 17,2-3). Et le Fils désire que tous ceux qui lui ont été confiés par le Père, soient également là où il sera, et qu'ils voient et participent à sa Gloire (Jn 17,24).

La foi, réponse de l'homme à Dieu

La foi entendue comme réponse du croyant au Créateur, renvoie au double sens du mot *credire* comme acte de croire, tenir pour véritable, recevoir avec soumission d'esprit tout ce que la religion enseigne ; tenir pour sincère, véridique tout ce qui est contenu dans la Parole de Dieu, avoir confiance en quelqu'un, en ses talents, en sa parole, c'est se fier en quelqu'un ou en quelque chose. Et la crédibilité, ce qui rend une chose digne d'être crue, sérieuse d'une information qui la rend digne de confiance[26].

Le mot foi, de son origine latine, *fides,* signifie 'confiance'. Et désigne d'après son étymologie, le fait d'avoir confiance en quelqu'un ou en quelque chose.

De ce point de vue, et sous l'angle religieux, nous la définissons comme, la ferme confiance, l'assurance et l'adhésion de l'homme à Dieu, la réponse de l'homme en l'amour de Dieu incarné en Jésus-Christ et, révélé par lui pour le salut de tout homme et de tout l'homme. Bref, la foi implique le rapport de l'homme à Dieu, c'est l'adhésion de l'homme en la Parole de Dieu telle que rendue crédible et révélée par Jésus-Christ, le Verbe de Dieu.

Pour son salut, l'homme est appelé à collaborer au projet salvifique de Dieu, à adhérer à la volonté du Père et à entrer dans son idéologie. Faire de la vie de Jésus-Christ, sa vie, de conformer son agir à l'agir du Christ bref, vivre à partir de Jésus-Christ.

Mais plusieurs fois, l'homme ne fait pas confiance en lui-même et il lui est également difficile de faire confiance en Dieu. Il se résigne, il vit dans le désespoir, le découragement ; une attitude qui serait due suite à une expérience négative enregistrée dans sa vie : la perte d'un être cher, le manque d'emploi, le manque de naissance dans la famille, l'échec en classe, dans sa vie professionnelle, dans sa vie affective… Tout cela peut plonger l'homme dans la désillusion de croire en un Dieu Créateur qui agit avec amour pour tout le monde, c'est de penser Dieu dans l'utopie et d'affirmer même son inexistence.

Emerveillé d'entendre une enfant à l'âge de quatre ans affirmer 'qu'il n'y a pas un Dieu pour de vrai, c'est un Dieu pour de faux, car il n'existe pas, il n'est pas là présent, il n'est pas chez moi, il n'est pas dans la chambre de ma mère, il n'est qu'un Dieu pour de faux.' Certes, la réaction de la fillette révèle l'attitude de notre société d'aujourd'hui, ancrée sur

---

[26] Cf., *Los diccionarios son de http://wiktionary.org. Version androïde.

l'industrialisation en mettant en avant plan la raison à l'effacement de la foi. Face à des difficultés, à des questions sans réponse que l'homme se pose et au manque du réalisme dans ses prières, cela peut amener de penser ainsi, ce qui semblerait être le cas de la fillette.

En effet, une des caractéristiques fondamentale de l'homme, c'est l'inclination à la vie. Puisqu'il désire autant vivre, l'homme veut à tout prix s'accrocher à la vie, vivre et surtout de bien vivre. La vie devient pour lui, un champ de bataille. Tout moyen de survie lui est cependant nécessaire, peu importe les conséquences qui découleront de sa foi.

Dans une telle asphère, l'homme ne croit plus en Dieu comme Créateur, Protecteur et Source de tout bien. Il n'a plus confiance à ce Dieu qui d'autrefois, constituait son refuge. C'est la fuite de Dieu. Tout commence par Le remettre en cause en réfutant les valeurs religieuses. Ceci témoigne de l'absence totale de confiance en Dieu. L'homme perd non seulement sa confiance en Dieu, mais également envers soi-même et envers son prochain.

L'homme ne croit même pas en lui-même, il ignore toutes ses capacités de faire face, de tenir, d'embellir son environnement et d'améliorer sa vie à partir de lui-même comme être créé à l'image et à la ressemblance de Dieu. Il prend malheureusement pour refuge, d'autres forces mondaines.

Face à son prochain, l'homme n'inspire plus confiance. Il devient sujet à craindre, un danger, une présence qui fait peur, qui menace et compromet la vie et le bonheur. D'où pour régner, il faut éliminer son prochain, l'écarter et rester seul maître à navire. Conséquences : des crimes, des enlèvements, des meurtres, des assassinats, etc.

Par rapport à Dieu, l'homme semble ne pas y trouver refuge. Nous l'avons dit, il ne Le prend plus comme son Créateur, le Maître de la vie. Il préfère carrément de ne pas parler de Lui. S'il parle de Lui, à peine pour justifier ses fautes, et responsabiliser Dieu comme cause de ses erreurs, de sa souffrance et de sa misère. D'après lui, c'est Dieu qui serait à la base de tout.

La foi est le seul ressort qui nous fait tenir debout, endurant devant les épreuves de la vie et fort de faire confiance en Dieu, de croire en Lui, qu'Il est capable de tout et agit selon bon Lui semble, et qu'Il ne désire aucun mal pour ses créatures. Tout ce qu'Il veut, Il le fait toujours au profit de l'homme qu'Il a créé.

La foi a toujours une double dimension : ascendante et descendante. Elle commence toujours par le niveau descendant, du grand Mystère de l'Incarnation, du Dieu qui s'est fait Homme, qui vient à la rencontre de l'homme. Et après, intervient le niveau ascendant, de l'homme qui répond et il va à la rencontre de ce Verbe de Dieu. Il se réalise là en quelque sorte la rencontre au rendez-vous du donner et du recevoir. Dieu qui se donne en son Fils, et l'homme qui le reçoit en terme de la Parole qui habite au milieu de siens. Dans cette dynamique, Dieu c'est toujours Lui qui prend l'initiative en premier de se révéler, de se manifester et de venir vers l'homme. Et l'homme de sa part, ne fait que répondre, coopérer et collaborer à cette initiative de Dieu par la foi.

La foi, c'est ce qui donne à l'homme la capacité de percer le Mystère du Christ, le Verbe de Dieu qui s'est manifesté en nous, source du salut de l'homme. C'est la clef d'une compréhension limpide du Mystère de Dieu qui s'est fait Homme. C'est la volonté, la bravoure et la détermination de s'engager sur un chemin par lequel l'on ne se réalise pas assez. C'est la confiance en soi qui se fonde sur la confiance au Dieu-Créateur qui est Père et Amour. C'est l'endurance dans les épreuves, et espoir dans l'angoisse, les désarrois et la désolation. C'est l'assurance à la victoire de la vérité sur le mensonge, de la grâce sur le péché, du bien sur le mal, de la vie sur la mort.

CONCLUSION

Tout l'effort a consisté à offrir aux croyants tout comme aux non croyants désirant connaître et découvrir le sens de leur vie répondant aux questions fondamentales de leur existence et de ce en quoi s'aspire la vie humaine. Nous avons pu essayer de présenter l'Etre-Dieu comme Créateur, Père et Amour ; de découvrir la création comme œuvre d'amour de Dieu, qui est et reste toujours présent dans notre vie. Il chemine et fait route avec nous, les créatures voulues à son image et à sa ressemblance. Il nous protège, Il nous assure sa présence chaque jour de notre vie et nous rend par son Fils, Jésus-Christ, la dignité d'enfants de Dieu. Il fait de nous, intendants de sa création. L'immense gloire qu'Il nous fait, et que même les anges n'en bénéficient pas.

Malgré l'état du péché de l'homme, Dieu ne cesse de nous montrer son amour, Il vient à notre rencontre, à la recherche de l'homme perdu par le péché. Par sa libre initiative, dès par sa propre volonté, sa bienveillance, son amour et son libre agir, Dieu se manifeste à cet homme perdu pour le racheter et le récapituler dans le Christ Jésus. Il va commencer tout d'abord par sceller l'alliance avec lui à travers Abraham, notre père dans la foi. Il va ensuite envoyer parmi nous, des prophètes qui auront pour mission de rappeler au Peuple d'Israël les dix commandements donnés par Dieu à Moïse pour la bonne marche de son Peuple Israël. Et, Il va enfin, dans les temps qui sont les nôtres, se faire Lui-même présent dans son Fils, Jésus-Christ, la Parole de Dieu, qui a pris notre condition humaine, semblable à nous en toutes choses, excepté dans les péchés.

L'homme obtient par sa foi, la grâce du fils de Dieu lorsqu'il observe, il garde et il met en pratique, les commandements de Dieu. Il est appelé à croire en Jésus-Christ, le Verbe de Dieu et à conformer sa vie à la Parole révélée telle que contenue dans les Saintes Ecritures. La vie chrétienne est une vie en Christ, où tout est en Christ, par le Christ et pour le Christ au point de dire comme Saint Paul, « Ce n'est plus moi qui vis, c'est Christ qui vit en moi. Ma vie en tant qu'homme, je la vis maintenant dans la foi au Fils de Dieu qui, par amour pour moi, s'est livré à la mort à ma place. » (Ga 2,20).

Bibliographie

I.   Sources

a) Source Biblique

0. *La Bible de Jérusalem.* La Sainte Bible traduite en français sous la direction de l'Ecole biblique de Jérusalem, Paris, Cerf, 1981.

1. HURAULT, B. et al., *La Bible des Communautés Chrétiennes,* Kinshasa, Médiaspaul, 2001.

2. *Traduction Œcuménique de la Bible,* Paris, Cerf, 1977.

b) Source Patristique

3. IRENEE de Lyon, *Contre les hérésies III,* Coll. Sources chrétiennes, n° 210 et 211, Paris, Cerf, 1974.

c) Magistère de l'Eglise

4. *Catéchisme de l'Eglise Catholique,* Paris, Cerf, 1998.

5. Concile œcuménique Vatican II, *Constitutions, Décrets, Déclarations,* Paris, Centurion, 1967.

6. Saint AUGUSTIN, *De Trinitate, Sermo* 52, C.6 : PL 38. 360.

7. PAUL VI (Pape), *Message à la conférence de l'ONU sur l'environnement,* du 1er juin 1972.

8. FRANÇOIS (Pape), *Laudato si, Encyclique sur l'environnement*, Rome, le 24 Mai, 2015.

9. IDEM, *IA : « Chacun partage la responsabilité du bien-être intégral des autres »,* Message du Saint-Père au Forum économique mondial 2025. Consulté sur Zénith, le 23 Janvier 2025.

II.   Etudes

a) Ouvrages consultés

10. BOFF, L., *témoins de Dieu au cœur du monde,* Paris, Centurion, 1982.

11. IDEM., *Jésus Christ Libérateur,* Paris, Cerf, 1974.

12. JONAS, H., *Le principe responsabilité. Une éthique pour la civilisation technologique,* Paris, Cerf, 1990.

13. PANNENBERG, W., *Esquisse d'une Christologie,* Paris, Cerf, 1971.

14. SESBOUE, B. et WOLINSKI, J., *Le salut de Dieu,* Tome I, Paris, Desclée, 1994.

b) Articles et autres sources

15. Bonaparte, N., cité dans *Jeune Afrique,* n° 2710 du 16 décembre 2012.

16. EVINA, A., « *Dieu est amour (1Jn 4,8)* », cité dans le Journal chrétien, *Un regard chrétien sur le monde,* publié le 27 Janvier 2017. Consulté sur Internet, le 21/08/2022. Inédit.

17. KERN, W., « L'événement Jésus Christ et le problème de la Théodicée », in *Mysterium Salutis* 13, Paris, 1972.

18. Mbula, F., *Cours de Morale Chrétienne : Vertus Théologales et bioéthique,* Kinshasa, USAKIN, 2012-2013. Inédit.

19. RAHNER, K., « Réflexions théologiques sur l'Incarnation », in *Ecrits théologiques,* III, Paris, Desclée, 1959.

III.   Instrument de travail

20. *Los diccionarios son de* http://wiktionary.org. Version androïde.

Table des matières

Buy your books fast and straightforward online - at one of world's fastest growing online book stores! Environmentally sound due to Print-on-Demand technologies.

Buy your books online at
www.morebooks.shop

Achetez vos livres en ligne, vite et bien, sur l'une des librairies en ligne les plus performantes au monde!
En protégeant nos ressources et notre environnement grâce à l'impression à la demande.

La librairie en ligne pour acheter plus vite
www.morebooks.shop

MIX
Papier aus verantwortungsvollen Quellen
Paper from responsible sources
FSC® C105338

Printed by Books on Demand GmbH, Norderstedt / Germany